名前のないことば辞典

出口 かずみ

「名前のないことば」とは

オノマトペ（擬音語・擬態語）、感嘆詞などのうち、同じ語が２つつながった言葉のこと。呼び名がないため、本書では「音みたいなことば」や「ふたごことば（造語）」などと呼んでいる。

はじめに

ある日、某輸入食品店のレジで量り売りのコーヒー豆を注文したときのことです。店員さんに「これを二百グラム、ええと……あの……これを……」と、なぜかいきなり頭が真っ白になりました。豆を〝挽く〟というワードがどうしても出てこなくなったのです。店員さんは笑顔で優しく、うんうんと相槌を打ちながら私の口から〝挽く〟という言葉が出るまでゆっくり待ってくれたのですが（しばらく泳がしやがったな、とあとで思いましたが）、私は身振り手振りと一緒に「あの、豆をこう、ガリガリ……」と必死で伝えたのです。

やっと店員さんが「お挽き、して？」と誘導してくれ、「そうそれ！　挽いてください！」と晴れて頼めました。その場に安堵の空気と笑いが生まれ、「ガリガリ」が手伝ってくれたかもなと振り返って思ったのでした。

こんなふうに日常では気がつかないくらい、物事を表現する際に便利に使ってしまっている「名前のないことば」たちを、いぬ、ぶた、あひる、くま、かめ、ねこ、はりねずみの7種類の動物たちの日常に溶け込ませてまとめてみました。どこかの小さな町でこんなことが繰り広げられているかもしれない、と読んで楽しんでいただけたらと思います。

出口かずみ

もくじ

恋するいぬの章

わくわく

期待や喜びで胸が高鳴り、落ち着かない様子。

【例文】
明日はあの子に会える！　わくわくする！

WAKU《わく》 WAKU《わく》

みえみえ

下心が透けて見えること。またその様子。

【例文】
またあの子の方に行くんだよ。
好きなのがみえみえだよな。

MIE《みえ》 MIE《みえ》

ほいほい

1　あと先考えず、軽々と引き受けたり、行ったりする様子。

2　相手の機嫌を損ねないように扱う様子。

【例文】

こいつ、好きな子が目の前にいるとほいほい何でも引き受けるな。

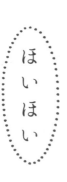

HOI《ほい》 HOI《ほい》

めろめろ

恋する相手に夢中になるあまり、まわりが見えずまともな行動や判断ができない様子。

【例文】
ああ、今のぼくは使い物にならないよ。
彼女にめろめろだから。

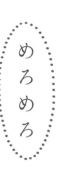

MERO《めろ》 MERO《めろ》

うかうか

1　目的もなくぼんやりと過ごす様子。

2　気がゆるみ、不注意な様子。

【例文】

うかうかしていると他のやつらに先を越される。

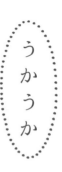

UKA《うか》 UKA《うか》

ぼんぼん

1　次々と、大きなものが飛んだり、建物が建ったり、火が燃えたりして、勢いがある様子。

2　繰り返しぶつかったり、破裂したりして出る音。

3　お金持ち、または良家で育った世間知らずの息子。

【例文】

あんなぼんぼんに負けるもんか。

BON《ぼん》BON《ぼん》

かさかさ

1 乾燥したものや軽いものが擦れて出る音。

2 水分や油分が抜け、干からびている様子。またそのときの手触り。

3 心が乾き、余裕や潤いがない様子。

【例文】

あなたそれ以前にかさかさしすぎね。

KASA《かさ》 KASA《かさ》

はきはき

話し方や性格が明瞭で、歯切れの良い様子。


【例文】

「はい、結構はまってます。五〜六万円くらいは使ってますね」

とっさのインタビューにも、ぼくははきはき答えられました。

HAKI《はき》 HAKI《はき》

ぐちゃぐちゃ

1 口を開けながら食べ物を噛んだときに出る音やその様子。
2 やわらかいものの形が崩れている様子。
3 不満などを愚痴っぽく言う様子。
4 ものすごく乱れて雑然としている様子。

【例文】
こんなにあたり一面ぐちゃぐちゃにして食べる人は見たことないわ。

GUCHA《ぐちゃ》 GUCHA《ぐちゃ》

べろべろ

1　舌で何度もなめる様子。
2　紙や布に重みがなく薄い様子。
3　正気を失うほど、ひどく酔っぱらっている様子。

【例文】
空の皿をべろべろなめすぎるところはちょっと引いたわ。

BERO《べろ》 BERO《べろ》

るんるん

心が弾むような楽しい気分やその様子。

【例文】
あの子るんるんね。
何かいいことがあったのかしら。

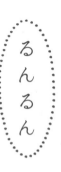

RUN《るん》 RUN《るん》

もじもじ

照れや気後れなどで、はっきりした態度が取れず、落ち着かない様子。

【例文】
もじもじしてないで早く言っちゃえよ。

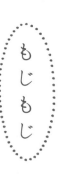

MOJI《もじ》 MOJI《もじ》

ぽろぽろ

1　涙や粒状のものが連続してこぼれ落ちる様子。

2　まとまっていたものが水分を失い、くっつかなくなった様子。

【例文】
あいつだったら、涙をぽろぽろ流していたよ。

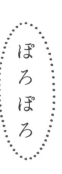

PORO《ぽろ》 PORO《ぽろ》

きゃー
きゃー
がたんがたん
ぷらぷら
でれでれ
ぼろぼろ
いちゃ
いちゃ
楽しい
遊園地
ぎし
ぎし
ひやひや
ふわりふわり
ぷか
ぷか
みしみし
あれ
あれ
ICE
CREAM

どきどき
いよいよ
オソロシ
コースター
しぶしぶ
ぐいぐい
もぞもぞ
とことこ
あらあら
めそめそ
きゃっきゃっ
べたべた
うきうき
ぐるぐる

カーン
カーン

KAN
KAN

がう
かん

カーン
カーン

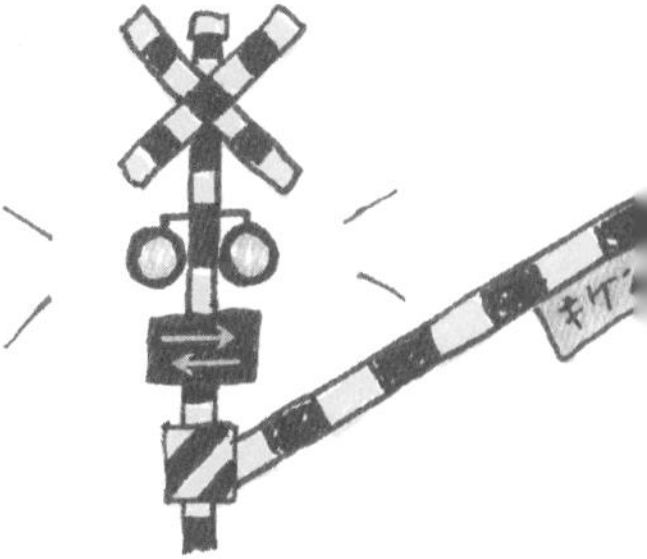

おなじ
5つの

かわいこちゃんへ

ぼくはきみのことをいつも頭にうかべています。

まどの外では木の葉がざわざわしているけど、ぼくはきみのことを考えていると、心がざわざわしてしまうよ。そしてきみがにこにこしているのを想像すると、ぼくまで笑顔になってしまうんだ。たまにぷりぷりしているきみもひっくるめて大好きだよ。

ぼくと、今度デートしてくれたらめちゃめちゃうれしいな。ぼくは鼻がきくから、ごはんがおいしいお店やじょうとうな服を売っているお店もくんくんすぐに嗅ぎつけることができるんだ。そうだ、こないだきみにぴったりのつやつやな器でもてなしてくれるあんみつやをみつけたよ。寒天も、豆も、さくらんぼも、白玉までもつやつやだったよ。きなこをかけてもいいらしいよ。

今度ふたりでぶらぶら行かないかい？

いぬより

《ざわざわ》

①大勢の人が集まって騒いでいる音や様子。

②心が落ち着かない様子。

③木の葉が風で揺れたり触れ合ったりして出る音やその様子。

《にこにこ》

楽しそうに微笑んでいる様子。

《ぷりぷり》

①張りと弾力がある様子。

②怒って不機嫌な様子。

《めちゃめちゃ》

①激しく破壊されたり、非常に混乱したりしている様子。

②物事や言動の筋道が通らない様子。

③程度が普通をはるかに超えている様子。

《くんくん》

念入りににおいを嗅いだり、鼻を鳴らしたりするときの音やその様子。

《つやつや》

つややかで美しい様子。

《ぶらぶら》

①垂れ下がったやや重いものが揺れ動く様子。

②とくに目的もなく歩き回る様子。

③のんびりとゆっくり歩く様子。

④すべきこともなく毎日を漠然と過ごす様子。

いぬくんへ

いぬくんありがとう！

あんみつはまあまあ好きよ。

わたし、黒みつをどんどんかけたいわ。

今度みんなでわいわい食べたいわね！

いぬくんがこの間かわいいって

言ってくれたふりふりのワンピースで行こう

かしら。誘ってくれればひょいひょいついて

いくからまだまだたくさん誘ってね！

かわいこより

《まあまあ》

①十分ではないが、おおむね満足している様子。

②なにはさておき、あることをやるようにすすめる様子。

③驚いたり、感心したりしている様子。

④相手をなだめたり、制止したりしている様子。

《どんどん》

①重いものが続けてぶつかったり、破裂したりして出る音やその様子。

②物事が波に乗って進む様子。また、ためらいなく物事を行う様子。

《わいわい》

たくさんの人が集まってしゃべる大きな声や様子。

《ふりふり》

①レースやフリルなどがたくさんついている様子。

②体の一部や小さなものを、上下や左右、前後に何度も小刻みに動かす様子。

《ひょいひょい》

物事を気軽に、または身軽に行う様子。

《まだまだ》

①未熟である様子。

②以前からの状態がその後も続く様子。

犬生いろいろ 毛並みもいろいろ

ぼーぼー
マンガ

つるつる

さらさら

ちりちり

変化する音

「火の用心（かんかん）マッチ一本火事のもと」
晩ごはんも終わり、家でまったりしていると、どこからともなく聞こえてくる夜回り隊の掛け声と拍子木の音。がちゃがちゃとテレビのチャンネル争いをしていた昭和の時代から、その場でぱちぱちのリモコン平成時代を経て、テレビよりスマホが幅を利かせるすーすースライド令和時代のお茶の間にも浸透している。実は江戸時代にはすでに始まっていたというから驚きだ。どうやらその掛け声には地域性があるらしい。かんかんと拍子木を打つだけのところや「戸締り用心、火の用心」の想定内のものから、「ネコは蹴ってもコタツは蹴るな」、「秋刀魚は焼いても家焼くな」という、センスが光るものまである。最近では、せっかく寝かしつけた子どもが拍子木の音で起きてしまうなど、騒音問題に発展し、この極めてアナログな注意勧告は存続の危機に陥っている。

私たちの耳や心に普段何気なく聞こえている音は、時の流れとともに少しずつ変化している。それは、時代とともに目の前から消え去ってしまったものもあれば、さまざまな理由から自ら遠ざけてしまったものもある。日々目まぐるしく変わっていく社会に身をおき、その状況になんとか対応しながら過ごしていると、なかなかそれに気づくことができない。しかし、ふと思い出の音を耳にしたとき、昔は確かに聞こえていたのに、今は聞こえない音があることに気がつく。

駅員さんが改札口に立って、かちかちと切符を切る音。
黒電話のじりーんじりーんという呼び出し音。
豆腐屋さんのぱーぽーぱーぽーというラッパの音。
カセットテープを巻き戻すときのきゅるきゅるという音。
喫茶店のドアを開けるとからんからんと響く鐘の音。
暑い日の窓辺でちりんちりんと涼しげに鳴る風鈴の音。

音の記憶とともに、そのときの情景がよみがえり、少しだけ立ち止まる。それが束の間のほっとできる時間となる。
あなたが好きな思い出の音はなんですか。

文・谷口香織

食いしんぼうなぶたの章

すらすら

物事、言語、動作がなめらかに滞りなく進む様子。

【例文】
そのレシピならすらすらすら言えるよ。
教えてやろうか。

SURA《すら》 SURA《すら》

むちむち

肉づきがよく、弾力がある様子。

【例文】
「きみ、むちむちだね」
「まぁね」

MUCHI《むち》 MUCHI《むち》

へとへと

心身ともに疲れ切り、限界に近い様子。

【例文】
ちょっと歩いただけでへとへとだよ。

HETO《へと》 HETO《へと》

ぱりぱり

1　乾いたり凍ったりなどして、薄いものがかたくなっている様子。

2　薄いものを割ったり、砕いたり、剥がしたりする音や様子。

3　新しくて上等なものや様子。

【例文】

ぼくはぱりぱりのぎょうざが得意なんだよ。

PARI《ぱり》 PARI《ぱり》

ぱんぱん

1　手や物を連続してたたく音。
2　銃の連続発砲や物が続けて破裂する音。
3　はちきれそうなほど膨らんだり、筋肉などが張っている様子。

【例文】
食べすぎてお腹ぱんぱんだよ。

PAN《ぱん》 PAN《ぱん》

みしみし

木製のものや骨などがきしむ音。


【例文】

階段がみしみし言い出しました。

「太りすぎかな」

MISHI《みし》 MISHI《みし》

ぱさぱさ

水分や油分がなく、乾いている様子。

【例文】
ささみはダイエットにいいんだよ。
ぱさぱさだけど。

PASA《ぱさ》 PASA《ぱさ》

よろよろ

足もとが定まらず、よろける様子。

【例文】
お腹が空きすぎてよろよろする。

YORO《よろ》 YORO《よろ》

ふがふが

1 鼻や口から息がもれ、何を言っているのか聞き取りにくい声や様子。

2 ひっきりなしににおいを嗅ぐ様子。

【例文】
この子、そうとう食べたいのね。
鼻をふがふが鳴らしちゃって。

FUGA《ふが》 FUGA《ふが》

ぷちぷち

1　小さなものを続けてつぶす音や様子。

2　粒状の小さなもの。

【例文】

あれ何だっけ？　沖縄のぷちぷちしてるやつ。

あ！　海ぶどうだ！

PUCHI《ぷち》PUCHI《ぷち》

ゆるゆる

1 ゆるみやたるみがある様子。
2 急がずゆったりと動く様子。
3 水気が多く、かたさが不十分でやわらかい様子。

【例文】

まじめにダイエットを続けたら、ズボンがすっかりゆるゆるになった、という夢を見ました。

YURU《ゆる》 YURU《ゆる》

ぺこぺこ

1　頭を何度も下げて恐縮したり、媚びへつらったりする様子。

2　腹が空きすぎている様子。

3　薄い板状のものが、凹んだり戻ったりするときの音やその様子。

【例文】

やーめた！　あー、お腹ぺこぺこだよ。

PEKO《ぺこ》 PEKO《ぺこ》

ぎとぎと

油などでべとついたり、光ったりしている様子。

【例文】
あれ、きみらしくぎとぎとに戻ったね。

GITO《ぎと》 GITO《ぎと》

すこやか町内会
in ぶた邸
がぶがぶ
さくさく
ぐびぐび
とくとく
しゃきしゃき
ちゅーちゅー
ぷるぷる
ほくほく
ぐるぐる
しゃりしゃり
がりがり
ほかほか
はふはふ
ごくごく

もちも
きんきん
こらこら
ぴちぴち
ざぶざぶ
ぬら
ぬら
ばり
ばり
じゅー
じゅー
なみなみ

ぶた家に伝わる郷土料理
おいもとまめのゆでもち

材料・・・小麦粉200g　塩ひとつまみ　水100cc
おいも200g　まめ200g

1. おいもをおおまかな大きさにすぱすぱ切ったあと、まめと一緒に水をひたひたにして、強火でゆでる。
2. くつくつしてきたらおいもをぷすぷす刺してみて、やわらかくなっていたら火を止め、ざるに上げる。
3. 粗熱が取れたら、とんとん細かく刻む。
4. 小麦粉、水、塩を加え、こねる。
※このとき、ぺったんぺったんしっかりこねないと、食感がぼそぼそするので注意。
5. 小判型に丸めてゆで、浮いてきたらすくって軽く水気を切る。
6. お好みで、マヨネーズ、ケチャップ、ソース、焼き肉のたれをどぼどぼかけてできあがり。

《すぱすぱ》
①タバコを何度も吸ったり吐いたりする様子。
②刃物で立て続けに切る様子。
③ためらわずに物事を行う様子。

《ひたひた》
①物がようやく浸かるくらい液体が入っている様子。
②物事が少しずつ押し迫ってくる様子。

《くつくつ》
①物が煮え立つ音。
②我慢できずに、もれ出る笑い声やその様子。

《とんとん》
①物が連続して軽く当たる音。
②物事が順調に進む様子。
③ふたつのものに大差がなく、ほぼ同じである様子。

《ぷすぷす》
①細くとがったもので、やわらかいものを繰り返し刺す音や様子。
②炎は上げず、煙を出しながら静かに燃える音や様子。
③気体などが続けざまに外に出る音や様子。

《ぺったんぺったん》
餅などを繰り返しつく音や様子。

《ぼそぼそ》
①低い声でつぶやくように話す様子。
②食べ物などに水分や油分が少ない様子。また、それを食べたときの触感。

《どぼどぼ》
液体を大量に注いだり、立て続けに入れたりするときの鈍い音やその様子。

仕事に生きるあひるの章

がーがー

1 アヒルなどの鳴き声。
2 大きないびきをかいて寝ている音や様子。
3 人間などのやかましい声。
4 機械などから発せられるうるさい音。

【例文】

「あー、何か、がーがーうるせえなぁ」

ねこの発言で、一触即発です。

GAA《がー》 GAA《がー》

きびきび

行動や態度に無駄がなく、活気がある様子。

【例文】
成功するポイントは、いつもきびきび行動することよ。

KIBI《きび》 KIBI《きび》

たじたじ

相手の圧力に押されたり、困難に直面したりして、気後れし何もできない様子。

【例文】
あひるの歯に衣着せぬ発言で、相手もたじたじです。

たじ　たじ
TAJI TAJI

ぞろぞろ

1　多くの人や動物などが、あとに続いて動く様子。

2　衣服の裾などを、だらしなく引きずる様子。

【例文】

ああ、かつてわたしも家族でぞろぞろ出かけていたもんだわ。

ZORO《ぞろ》 ZORO《ぞろ》

のこのこ

1　のんびりとゆったり歩く様子。

2　本来行くべきではないところへ知らずに、または平然と現れる様子。

【例文】

「あんた、よくのこのこ出てこられたわね」

「え？　どうかした？」

NOKO《のこ》 NOKO《のこ》

どたどた

荒々しく歩いたり、走ったりするときに出る音やその様子。

【例文】
目障りなあいつ。
わざとどたどた歩いて追い越してやったわ。

DOTA《どた》 DOTA《どた》

さばさば

1　厄介ごとがなくなり、気分がすっきりしている様子。

2　物事にこだわらない性格で、さっぱりしている様子。

【例文】

「私さばさばしてるの。男っぽい性格ってよく言われるのよね」

彼女はアヒル口をして言うのです。

SABA《さば》 SABA《さば》

くどくど

同じことをしつこく繰り返し話したり、書いたりする様子。

【例文】

ちょっと、話がくどくど長いんですけど。

KUDO《くど》 KUDO《くど》

もさもさ

1　毛や草などが乱雑に密生し、膨らんで見える様子。
2　動きがのろい様子。

【例文】
強そうに見える彼女。
実は胸の羽毛のもさもさがコンプレックスなのです。

MOSA《もさ》 MOSA《もさ》

ばちばち

1　勢いよく燃えたり、はぜたり、火花が散ったりする音。

2　かたいものが当たって出る強い音。

3　闘志をむき出しにして、やり合う様子。

【例文】

「あひるとねこ、最近ばちばちらしいよ」

「関わると面倒だよ、ほっとこうぜ」

BACHI《ばち》 BACHI《ばち》

いじいじ

いじけて行動や態度がはっきりしない様子。

【例文】
いつまでもいじいじしてないで。
元気だしな！

IJI《いじ》IJI《いじ》

ばたばた

1　布や板状のものが風にあおられたり、ぶつかったりして出る音やその様子。
2　手足を大きく動かして暴れる様子。
3　次々に倒れたり、落ちたりする様子。
4　物事が続けざまに行われる様子。
5　忙しくて慌ただしい様子。

【例文】
今日もばたばた忙しい。
それが彼女の生きがいなのです。

BATA《ばた》 BATA《ばた》

Ahiru's Lifestyle

密着取材「あの人の休日が気になる！」
あひるさん（会社経営者）

異文化交流も大事。最近は南の島のダンスを習っています。**じゃらじゃら**飾りたてるのが彼ら流。

缶詰めになってると、何もかもが**ぐしゃぐしゃ**になる時もありますね。

受賞スピーチは緊張したけど、**きらきら**の衣装がいくらか自分に勇気を与えてくれました。

クラゲの前では何も飾らず自分も**すけすけ**でいなければなら

しゃかしゃかしたドレスは鎧のようなもの。格段に自分をランクアップさせてくれるような気がするんです。

実はこういうでかでかとプリントされた服も好きなんですよ。公園ファッションですけどね。

花を選ぶ時はひらひらした服でいるように心がけています。心なしか花の方から話しかけてくれる気がして。

時にけばけばさせてみることで、ストレス発散になっているのかも。

ぱちぱち

pachi pachi pachi

がう
ぱち

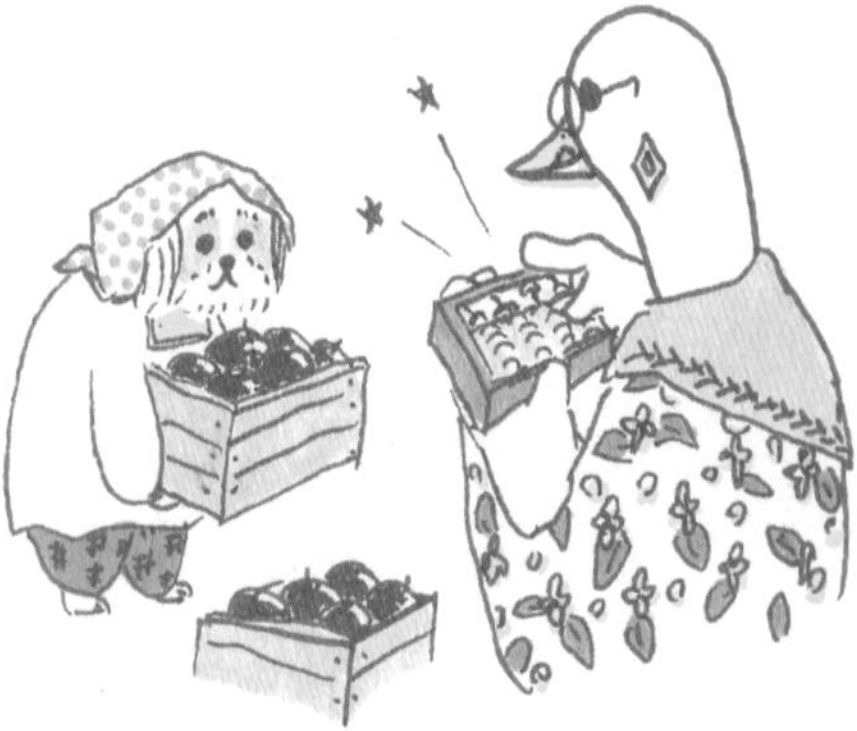

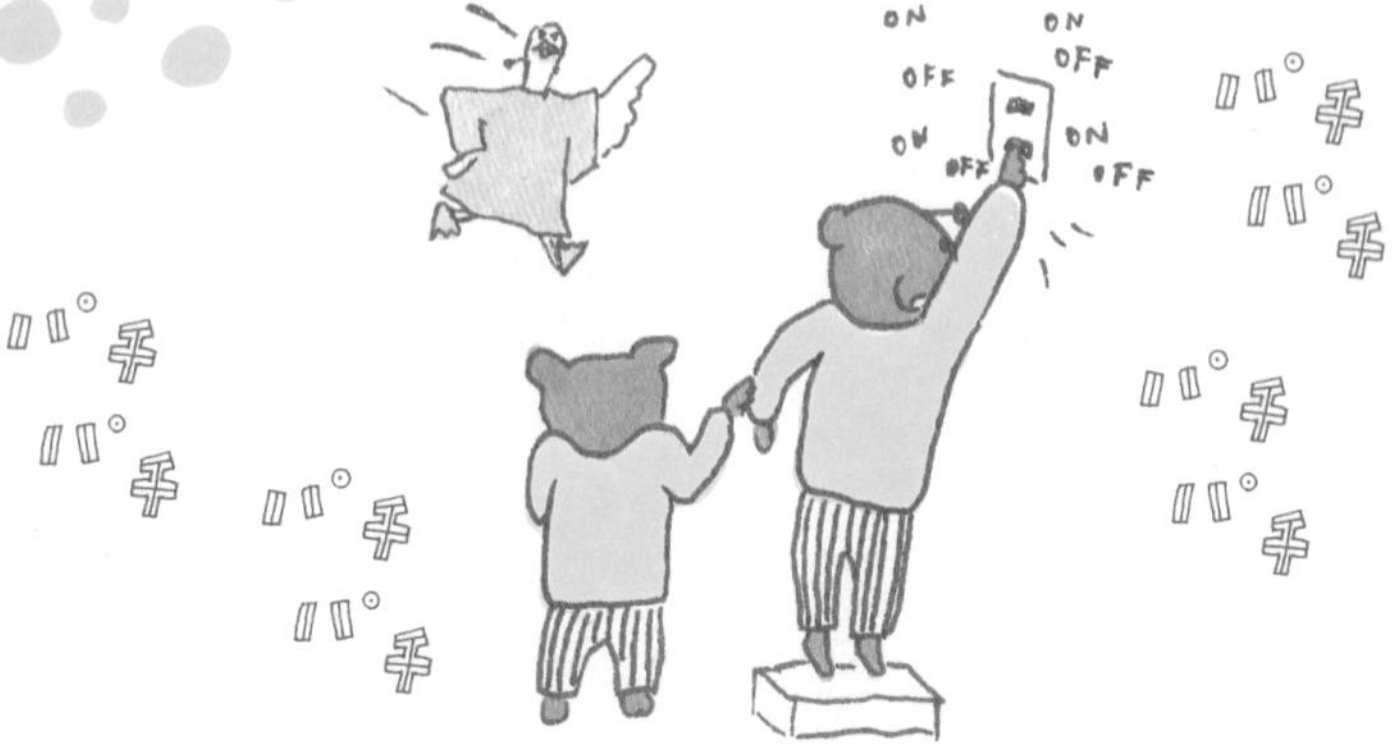

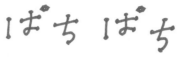

おなじ
5つの

宝くじ×金のスワン開運ツアー

従来のファミリー層の顧客だけでなく、メディアで火のついた宝くじ高額当選者の口コミを利用し、開運を願う人々への集客拡大を狙う。

【来客数の動向】

1月～3月
気候により多少の変動はあるが、まずまずの売上。

4月
宝くじ高額当選者のTVインタビューで、購入後にたまたま弊社の金のスワンに乗っていたことが判明。この翌日から来客数がぐんぐん上昇！

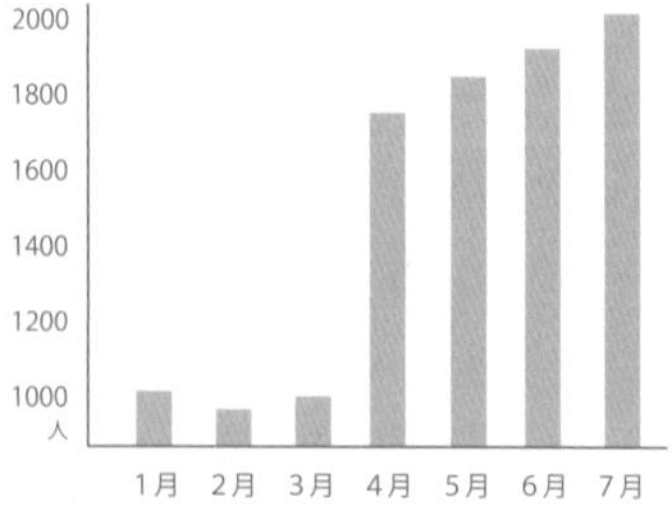

【体験者の声】

スワンに乗ったのをきっかけに高額当選！さらに不動産収入も増え、がっぽがっぽ儲かっています。（70代男性）

スワンのおかげでお金持ちのボーイフレンドができて、毎日がきらきら輝いています。（20代女性）

【今後の計画】

一艘のみの金のスワンを、今冬までにすべてぴかぴかの金色に塗る

↓

どのスワンに乗っても宝くじ当選確率みるみるアップ、または開運の可能性をひしひしと感じられるようにする。

幸運を
ゴー
（当
い

周辺地域活性化への取り組み

近隣のカフェや居酒屋などの飲食店との「ざくざく開運メニュー」のコラボレーションや、「てくてく開運スポット」マップの作成。

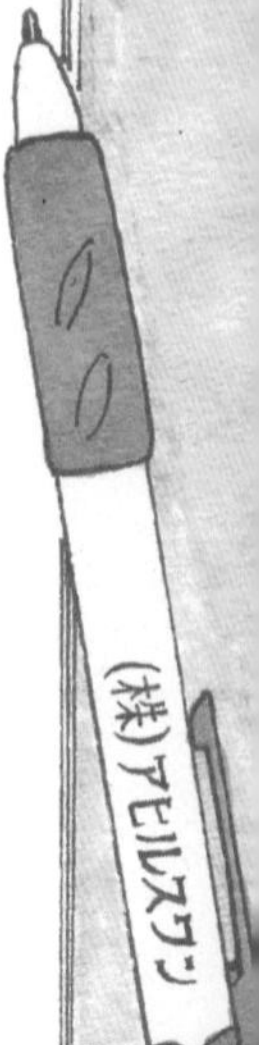

《まずまず》
十分ではないが、ある程度の水準には達して、満足している様子。

《たまたま》
意図せずに偶然起こったこと。

《ぐんぐん》
良い方向に、勢いよく進んだり、成長したりする様子。

《がっぽがっぽ》
大金を続けざまに手に入れたり、取られたりする様子。

《きらきら》
光り輝いたり、存在が輝かしい様子。

《みるみる》
物事が急速に進行する様子。

《ぴかぴか》
①強い光が点滅する様子。
②つやがあって光り輝いている様子。
③新品である様子。また初々しい様子。

《ひしひし》
心に強く感じたり、強く身に迫ったりする様子。

《ざくざく》
①お金や宝石などがたくさんある様子。
②野菜などを切る音や、粗めに刻む様子。
③砂利や霜柱などを踏んだときに出る音。

《てくてく》
結構な距離をマイペースに歩く様子。

悩みがちなくまの章

こつこつ

1 かたいものが連続して当たったときに出る音やその様子。

2 地道に努力を続ける様子。

【例文】
ぼくはこつこつやるタイプなんです。

KOTSU《こつ》 KOTSU《こつ》

ごわごわ

紙や布、毛などがかたくごわつく様子。

【例文】
きみ、意外にごわごわしてるんだね。

GOWA《ごわ》 GOWA《ごわ》

もんもん

表には出さずに深く悩み苦しむ様子。

【例文】
「ガ」じゃなくて「カ」なんだよな……。
くまは、違うと言えずもんもんとしています。

MON《もん》 MON《もん》

もごもご

口をあまり開かずにこもった声で話す様子。

【例文】
え？　もごもご言ってちゃわからないよ。

MOGO《もご》 MOGO《もご》

とぼとぼ

元気や活力がなく、うつむいて歩く様子。

【例文】
「今日も人前でうまく話せなかったな」と、とぼとぼ帰ります。

とぼ　とぼ

くりくり

目や坊主頭などがまん丸で愛らしい様子。


【例文】

くまの家に、ふたごの赤ちゃんが生まれました。

「なんてかわいいこぐまたち！　目がくりくりだね！」

KURI《くり》 KURI《くり》

すくすく

人や動物、植物などが順調に育つ様子。


【例文】

「いいねぇお宅の子。すくすく育ってるじゃないか」

近所のおじいさんは、いつもどこで買ったかわからないあめをくれます。

SUKU《すく》 SUKU《すく》

めりめり

大木やかたくて丈夫なものが、折れたり剥がれたり裂けたりする音やその様子。

【例文】
林の中を、めりめりめりと枯れ木を踏み倒しながら当番に向かう姿は、とても頼もしいです。

MERI《めり》 MERI《めり》

ぱらぱら

1 小さくて軽いものが、降ったり散らばったりする音やその様子。

2 本などを手早く、または曖昧にめくる音や様子。

3 人や物が少なく、まばらな様子。

【例文】

おや、ぱらぱら降ってきたね。

そろそろ冬眠かな。

PARA《ぱら》 PARA《ぱら》

むにゃむにゃ

1　不明瞭なことを口の中でつぶやく様子。

2　食物をゆっくりと咀嚼する様子。

【例文】

おはよう、むにゃむにゃ……。

ちょっと冬眠しててさ。

MUNYA《むにゃ》 MUNYA《むにゃ》

もりもり

1　食欲旺盛でたくさん食べる様子。
2　元気や意欲が湧き上がる様子。
3　次から次へと勢いよく事を進める様子。
4　筋肉などがこんもりしている様子。

【例文】
よく寝たから、元気もりもりもりだよ。

MORI《もり》 MORI《もり》

きょうだいの す・く・す・く 成長アルバム

1歳の贈り物のTシャツ
まだダボダボかな？

ポロポロこぼしながら
競って食べます。

1歳半。ヨチヨチ歩ける
ようになって嬉しいね！

お父さんがピカピカの
そりを作ってくれました。

スラスラ文字も絵も
かけるようになったね。

3歳。もらったTシャツも
すっかりピチピチに！

ボロボロになった
お気に入りのそり。

ベラベラしゃべって
食事がちっとも
進みません。

じり
じり

ちがう
りじり

JIRI JIRI

JIRI JIRI

おな
5つ

話上手になる6つのルール

1 相槌をうんうん打ちましょう

2 相手の言っていることをちょくちょく繰り返そう

3 いろんなことをごちゃごちゃ言わない

4 けちょんけちょんに言われても引きずらない

5 いきいきとした目で話そう

6 ひょうきんなことをちょいちょい言おう

《うんうん》

①同意をしてうなずくときの様子やそのときに出す声。

②苦しんだり、力んだりしている様子やそのときに出るうなり声。

《ちょくちょく》

あまり間隔を開けずに物事を繰り返す様子。

《ごちゃごちゃ》

①たくさんのものが無秩序に混ざり合って乱れている様子。

②意味のないことやつまらないことを、筋道を立てずに話したり、考えたりする様子。

《けちょんけちょん》

徹底的に言いまかしたり、こっぴどくやっつけたりする様子。

《いきいき》

元気で活力がみなぎっている様子。

《ちょいちょい》

①短い間隔を開けて物事を繰り返す様子。

②物事を軽快にこなす様子。

《がちがち》

①かたいものが続けてぶつかったときに出る音。

②物がとてもかたい様子。

③緊張や恐怖、寒さなどで、表情や体がこわばる様子。

④ある考えに固執し、柔軟性に欠けている様子。

音みたいなことばの不思議

心の内を表すときにも、音みたいなことばが使われる。これらは音がないのに、どこからやってきたのだろうか。

「いらいら」は、草木のとげを指す「刺（いら）」が語源で、当初は刺が出ている様子や刺を指したときの痛みのことを表していたという。それが転じて神経が高ぶっていらだたしい様子を表すようになった。「わくわく」は、感情や熱気が高まる「沸く」が語源で、「たじたじ」は、相手の圧力に心がひるむ「たじろぐ」からきている。

では、「るんるん」はなんだろう。調べてみると、一九七九〜一九八〇年に放映されていたテレビアニメ『花の子ルンルン』からきているという説が多かった。しかし、〈るんるん　るるんぶ　るるんぶるるん……〉という踊る河童の唄（『河童と蛙』／草野心平／一九三八年）説など、他を採用しているところもあり、真相は定かではない。「るんるん」は鼻歌を表しているという意見もある。どこが根源でなにを意味するかはよくわからないが、心がはずんで楽しい気持ちを「はずはず」や「たのたの」ではなく、「るんるん」から多くの人が感じ取り、それを使ったことがとても面白い。このようにもともとある言葉から派生したものもあれば、五感の体験や記憶をもとに感性から生まれたものもある。「うきうき」浮く、「むかむか」むかつく、「おたおた」おたつく、「わなわな」わななく、「びくびく」びくつく、「うだうだ」うだつくなど、語源と思われる言葉が想像できたとしても、なぜ「うき」や「むか」ではなく、「うきうき」「むかむか」のように、繰り返し使われているのだろうか。それは、その状態が一時的なものではなく、持続しているからだという。ふたごことばは、ある言葉から派生したものであっても、そのときの状況と無関係ではないのだ。

春の七草のひとつにナズナ、別名ぺんぺん草と呼ばれている草がある。ハート型の実を少し下に引っ張って指先で回すと「ぺんぺん」というかわいらしい音がする。「ナズナ」と言われてもどんな草だったかピンとこなくても、「ぺんぺん草」ならば、幼い頃に音を鳴らした記憶と結びつき、思い出せる人も多いだろう。

ふたごことばの魅力は、偶然生まれた「名前」ではなく、そのときの状況となんらかの結びつきがあるところなのだ。

文・谷口香織

くまおやこ
山にでかける

今日は近くの山にきました。
ポカポカいいお天気です。
小鳥がチュンチュン楽しそう。

フワフワと浮かぶ雲を見ていると、父さんはウツラウツラ眠くなりました。

おや、穴からかえるがピョコピョコ。

ソヨソヨふく風が気持ちよく、かざぐるまもクルクルまわりだしました。

「天気予報では晴れだと言っていたのに……」

モクモクと雲ゆきがあやしくなってきました。風もビュービュー強くなります。

父さんの頭や手のひらにポツポツ雨が当たりました。

「ひどくならないといいな」

シトシト、シトシト。

「お父さんもはやくテントに入りなよ」と、お兄ちゃんがせかします。雨はふりつづき、テントの中もジメジメしてきました。

雨はザーザーひどくなりました。

小鳥たちも雨やどり。

水たまりもみるみる大きくなってきます。

おとうとは雨を思いきりあびることにしたようです。

「雨がかっぱに当たる音が好きなんだ、ぼく」

テントが少々ぼろでしたので五分もたたないうちに、中はビショビショです。

ポタポタ、ポタポタ。

ふいてもふいてもキリがありません。

しばらく待つと雨はすっかり止み、子どもたちは、大きな水たまりでパシャパシャ大はしゃぎ。

お日さまがカンカン照りになりましたので、（ぬれたものを干すのにちょうどよいな）と、父さんは思いました。

雲ひとつないあおあおとした空に虹も出て、木も葉っぱもみんなキラキラ光っています。

山の天気というのは、本当に変わりやすいものです。

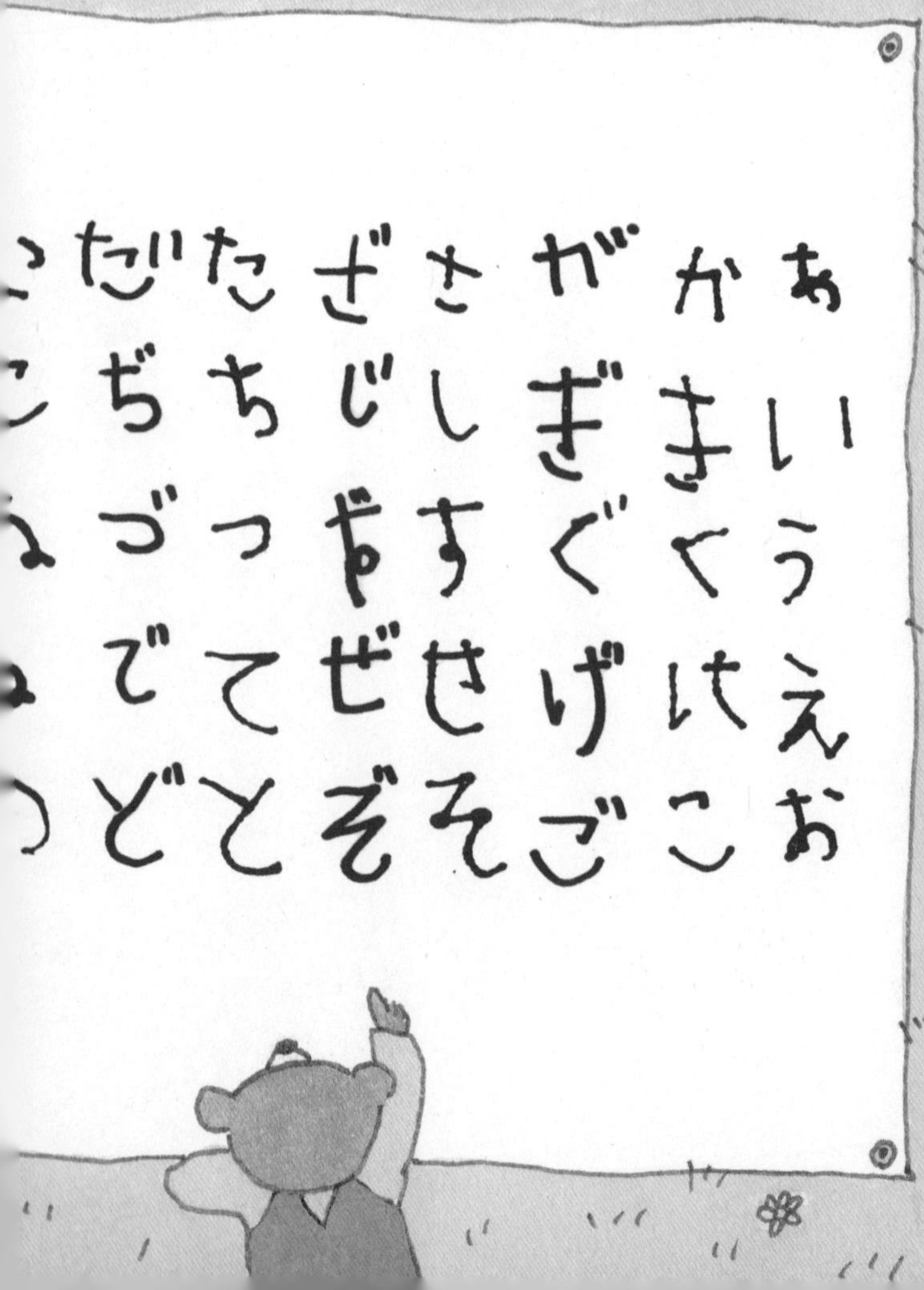
あいうえお
かきくけこ
がぎぐげご
さしすせそ
ざじずぜぞ
たちつてと
だぢづでど

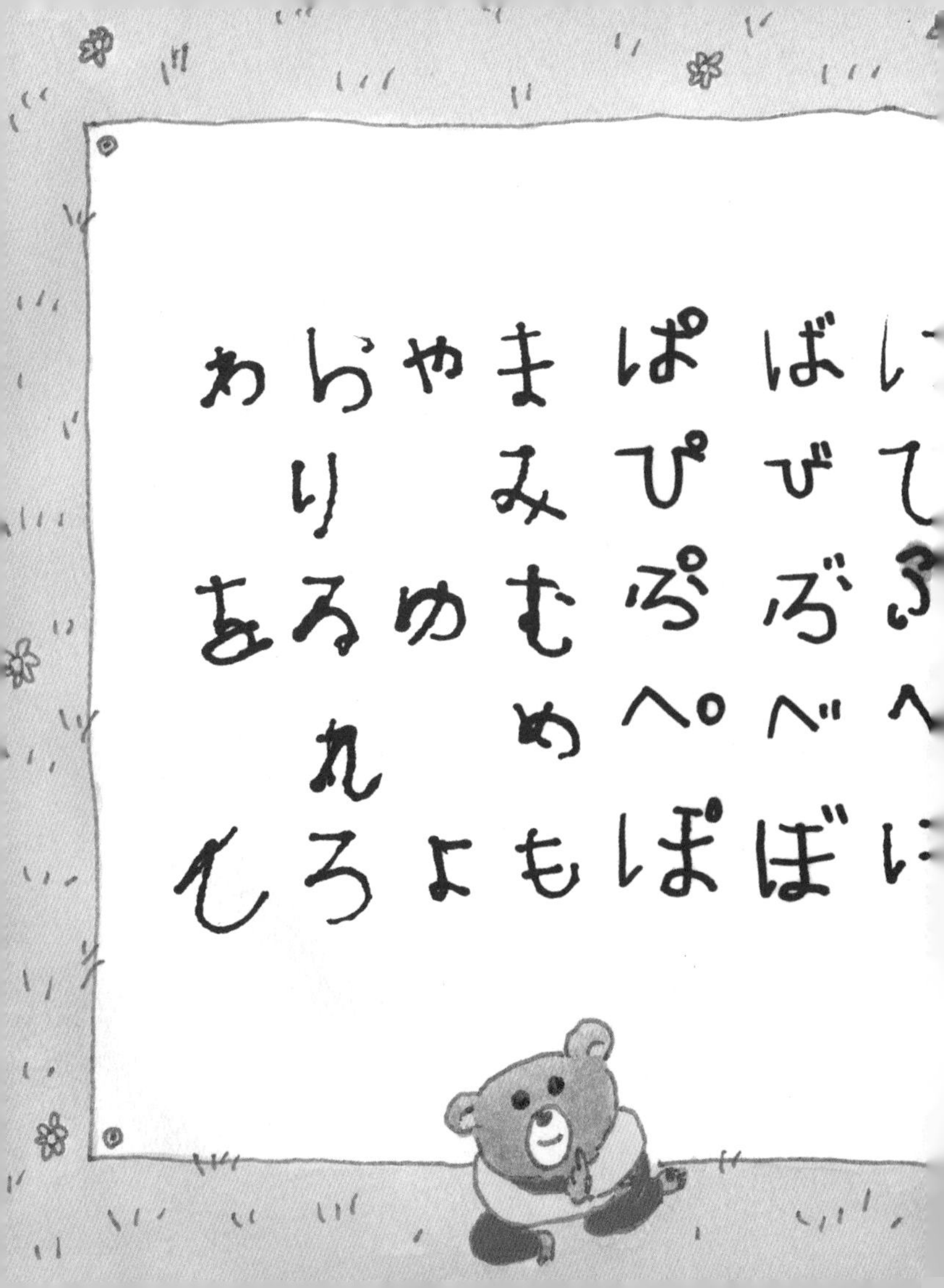
ばびぶべぼ
ぱぴぷぺぽ
まみむめも
やゆよ
らりるれろ
わをん

のふのふ

おかあさんがぼくたちをなでるときのようす。

【例文】
おかあさんはいつもねるときにぼくたちをのふのふしてくれる。

おしまい

喫茶店のかめの章

ぼちぼち

1　良いわけではないが、悪いわけでもない様子。
2　物事にゆっくりと着手したり、ある状態が近づいたりしている様子。
3　発疹など、点状のものが散らばっている様子。

【例文】
「もうかりまっか」
「ぼちぼちでんな」

BOCHI《ぼち》 BOCHI《ぼち》

ながなが

時間や距離、関係などが非常に長く続いている様子。

【例文】
マスターって、コーヒーのことになるとながながと話すんだよね。

NAGA《なが》 NAGA《なが》

ぴんぴん

1 勢いよく跳ねたり、反り返ったりするときの音やその様子。

2 とても元気で活動的な様子。

【例文】

「最近会ってないけど、あの人元気?」

「ぴんぴんしてますよ」

PIN《ぴん》 PIN《ぴん》

ちまちま

スケールが小さく、ちんまりしている様子。

【例文】
そんなのちまちま集めて何になるの？

CHIMA《ちま》 CHIMA《ちま》

すごすご

元気や勢いを失い、しょんぼりとしている様子。

【例文】

ほら、言い返せないだろ。
すごすご甲羅に引っ込んでったよ。

SUGO《すご》 SUGO《すご》

しょぼしょぼ

1　目を開けていられれず、何度もまばたきする様子。
2　しょぼくれている様子。
3　弱い雨が陰気に降り続く様子。

【例文】
「目がしょぼしょぼするんだ」
「花粉症ですかね」

SHOBO《しょぼ》 SHOBO《しょぼ》

むかむか

1　胸の奥から怒りがわき上がってくる様子。
2　吐き気や胃酸がせり上がってくる様子。

【例文】
「胃がむかむかするんだ」
「食べすぎですかね」

MUKA《むか》 MUKA《むか》

ごりごり

1　凹凸があってかたい様子。
2　かたいものを噛んだときの音やその様子。
3　かたいものを力いっぱいこする音や様子。
4　強引に物事を進める様子。

【例文】
「肩がごりごりでね」
「ほんとかなあ」

GORI《ごり》 GORI《ごり》

ごつごつ

1 かたくて凸凹があったり、しなやかさに欠けたりしている様子。

2 容姿や性格が無骨な様子。

3 かたいものがぶつかって出る音。

【例文】

触ってみなよ。

見た目どおりごつごつしてるでしょ。

GOTSU《ごつ》 GOTSU《ごつ》

からから

1 かたくて軽いものが、転がったり回ったりして出る音。

2 高笑いをする声。

3 水気がなく、乾ききっている様子。

4 容器の中が空っぽである様子。

【例文】

日に当たりすぎると、のども甲羅もからからさ。

KARA《から》 KARA《から》

のろのろ

動作や進行がゆっくりで遅い様子。

【例文】
あの人ののろのろだから、多分まだ来ないよ。

NORO《のろ》 NORO《のろ》

けちけち

わずかなお金や物さえも出し惜しむ様子。

【例文】
いいじゃんか粉チーズくらい。
けちけちすんなよ。

KECHI《けち》 KECHI《けち》

ふんふん

相手の話に同調してうなずいたり、軽く聞き流したりするときに発する声やその様子。

【例文】
「ふんふん」って、さっきから本当に理解してます？

FUN《ふん》 FUN《ふん》
coffee history

定期検診を
レントゲン室↗
外科→
hon
OSHARE
えほん
凡々病院の待合室
がみがみ
ぞくぞく
ひょうひょう
ぶるぶる
おろおろ
ぐるぐる
ふらふら
げーげー
やれやれ

受付
水
すたすた
げほげほ
がんがん
はら
はら
いがいが
ひえ
ひえ
ひりひり
ずきずき
SUGA

喫茶巡り備忘録

・10月5日　喫茶万年

コーヒー…酸味強めで余韻が続く。

マスターはたんたんとしている。
もくもくと、コップをきゅっきゅっと拭く
手捌きを見ると丁寧な仕事ぶりがわかる。

・10月19日 コーヒーショップ いなせ

コーヒー…コク深めだが、清涼感あり。

静かな店内。こぽこぽとコーヒーを淹れる
音が響く。10月というのにこの暑さ。
アイスコーヒーをごくごくと飲み干す。

・11月16日　喫茶 きみどり

コーヒー…浅煎りで好み。

外ではひゅーひゅー風が吹いている。
からんからんと音がしていたドアがいつ
の間にか自動ドアに変わっていて物悲し
い。決まってこの店で待ち合わせをしてい
たあの日々をじわじわと思い出す。

《たんたん》
①太鼓などを打ち鳴らす音。
②道や生活などに変化のない様子。
③色や味、態度などがあっさりしている様子。
④鋭い目つきで獲物を狙ったり、絶好の機会をうかがったりする様子。

《もくもく》
①雲や煙などが次から次へと立ちのぼる様子。
②黙って仕事などをこなす様子。

《きゅっきゅっ》
①物がこすれたり、きしんだりする様子やそのときの音。
②紐や帯などを引っ張って締める様子やそのときの音。

《ごくごく》
液体を勢いよく飲むときに出る音やそのときに喉が動く様子。

《こぽこぽ》
空気を含みながら液体を少しずつ注いだり、液体が少しずつ流れたりするときに出る音。

《ひゅーひゅー》
①風が激しく吹き続ける音や様子。
②物が何度も風を切る音や様子。
③空気が細いところを吹き抜けるときに鳴る音。
④からかったり、はやし立てたりするときに発する声。

《からんからん》
鐘や下駄など、かたいものが他のものに触れて鳴り響く音。

《じわじわ》
①物事がゆるやかに確実に進行する様子。
②液体がゆっくりとにじみ出たり、染み込んだりする様子。

能天気なねこの章

ぷにぷに

やわらかくて弾力がある様子。

【例文】
ちょっと肉球触らせて。
このぷにぷにがいいよね。

PUNI《ぷに》 PUNI《ぷに》

ずばずば

1　思っていることや核心に触れることを遠慮なく言う様子。

2　物事を思い切りよく続けて行う様子。

3　予想を連続して当てる様子。

【例文】

あいつはいつも弁当のおかずについてずばずば言ってくる。

ZUBA《ずば》 ZUBA《ずば》

じろじろ

無遠慮に隅々まで見つめる様子。

【例文】
そんなにじろじろ見られていると、食べにくいな。

JIRO《じろ》 JIRO《じろ》

らんらん

光を放って輝いたり、目などが鋭く光ったりする様子。

【例文】
あの子、らんらんとした目で見てくるからやんなっちゃう。

RAN《らん》 RAN《らん》

ずかずか

不躾に人の領域に入ってくる様子。

【例文】
お母さん、お隣さんって、必ず夕飯のときにずかずか入ってくるよね。

ZUKA《ずか》 ZUKA《ずか》

ぺろぺろ

1　何度も舌を出し入れしたり、なめ回したりする様子。

2　あっという間に食べ尽くす様子。

【例文】

食後は念入りにぺろぺろ毛繕いするようにしてます。

PERO《ぺろ》 PERO《ぺろ》

がたがた

1　かたいものが揺れたり、触れ合ったりして出る音。
2　組織や体調、物などが、壊れそうになっている様子。
3　寒さや恐怖などで体が震える様子。
4　些細なことをうるさく言い立てたり、騒ぎ回ったりする様子。

【例文】

「どうせあそこの古道具屋で買ったんだろ。椅子の足ががたがたじゃないか」

まったく、がたがたうるさいねこです。

GATA《がた》 GATA《がた》

あつあつ

1　料理などが熱い様子。
2　愛し合ってとても仲が良い様子。

【例文】
マスターめ！
猫舌なのを知ってて、あつあつのグラタンをよこしやがったな。

ATSU《あつ》 ATSU《あつ》

ぺらぺら

1　軽薄な調子でよくしゃべる様子。
2　外国語をよどみなく滑らかに話す様子。
3　本のページなどを連続してめくる音や様子。
4　布や紙、板などが非常に薄い様子。

【例文】
あいつ、人の秘密をぺらぺらしゃべりやがって。

PERA《ぺら》 PERA《ぺら》

かつかつ

1 かたいものが触れ合って出る音やその様子。
2 時間やお金などに余裕がない様子。

【例文】
今月かつかつなんだよ。おごってよ。

KATSU《かつ》 KATSU《かつ》

だらだら

1 液体が次々と流れ出る様子。
2 大きな変化のない状態が長く続く様子。
3 気がゆるみ、しまりのない様子。
4 坂道などでゆるやかな傾斜が続く様子。

【例文】
ああ、今日も一日だらだら過ごしちゃったなぁ。

DARA《だら》 DARA《だら》

テスト前日　◉月✕日（木）

すやすや
ぐーぐー
ぎこら ぎこら
ぎこら ぎこら
ぎこら ぎこら
ぎこら ぎこら
ぎこら ぎこら
ぐーぐー

テスト当日　◎月▲日（金）

まじまじ
ぎょろ
ぎょろ
まざまざ

ちがう
ろごろ

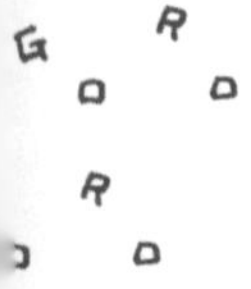

ゴロゴロ

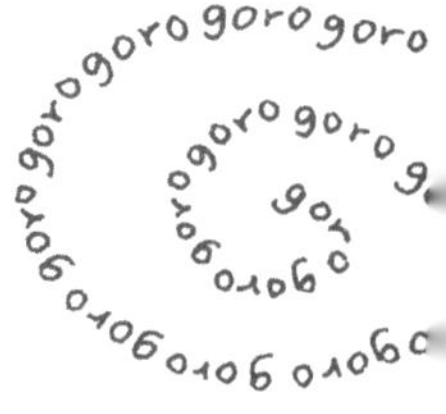

おな
6つ

gorogoro

年	月	資格・免許
平成15	7	普通自転車第一種免許 取得
令和 2	4	隣接建造物立入士資格 取得

志望動機
お金持ちになってちゃらちゃらしたいからです。

趣味・特技	通勤時間	
隣家からぷんぷん漂うにおいで献立を当てられます。 社内にねずみが出たときにも、おたおたせず確実に捕まえます。	約　時間40分	
	扶養家族数（配偶者を除く） 0 人	
	配偶者 有・(無)	配偶者の扶養義務 有・(無)

本人希望記入欄
自転車をびゅんびゅん飛ばせば10分で着きますが、可能でしたら途中の土手で昼寝を希望します。
ばりばり働き、めきめき出世し、じゃんじゃん稼ぎ、高級スポーツカーに乗りたいです。

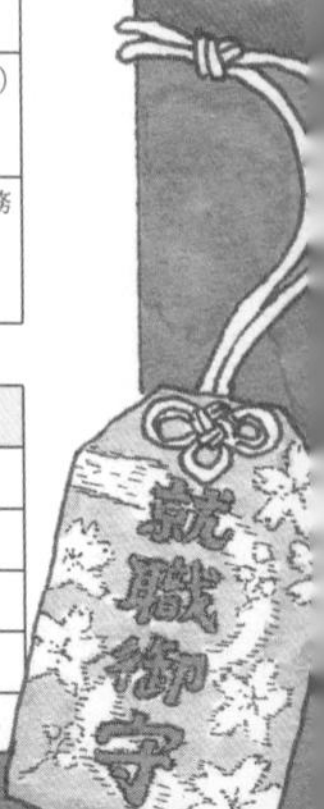

《ちゃらちゃら》
①金属やかたいものが触れ合って出る高く軽い音。
②服装が派手で軽率な様子。また、行動やふるまいが浮ついている人柄や様子。
《ぷんぷん》
①強いにおいがする様子。
②好ましくない気配が感じられる様子。
③機嫌が悪かったり、ひどく怒ったりしている様子。
《びゅんびゅん》
①連続的に強風が吹きつける音や様子。
②高速で動いたり、回転したりして、風を切る音や様子。

《おたおた》
不意なことに平静を失い、まともな対応ができない様子。
《ばりばり》
①かたいものや厚いものを勢いよく裂いたり、砕いたりするときの音やその様子。
②精力的に活動する様子。
③物がこわばっている様子。
《めきめき》
目に見えて、成長や回復、進歩している様子。
《じゃんじゃん》
①鐘などが連続して鳴る音。
②物事を続けざまに勢いよく行う様子。

忙しいはりねずみの章

さくさく

1　揚げ物やパイなどを切ったり噛んだり、雪や霜柱などを踏んだりする様子やそのときの音。

2　手際がよく、物事がスムーズに進む様子。

【例文】

外で遊んでくれると家事がさくさく進むわ。

SAKU《さく》 SAKU《さく》

びりびり

1　紙や布などを勢いよく破る音や様子。また、あちこちが破れている様子。

2　電気やアレルギーなどの刺激により、体や舌がしびれる様子。

3　風や音、地震などの影響で、ガラスなどが小刻みに震動する音や様子。

【例文】

もう！　さっそくびりびりに破いちゃって！　いただきもののお洋服なのに……。

BIRI《びり》 BIRI《びり》

しゃきしゃき

1 噛んだときの歯ざわり、刻んだときの切れ味が良い様子や音。

2 動作や行動、判断が早く、手際よく物事を処理する様子。

【例文】
あそこの奥さんはしゃきしゃき子育てしてて、さすがだよなぁ。

SHAKI《しゃき》 SHAKI《しゃき》

ころころ

1 丸く小さいものが転がる音や様子。
2 太って丸々としている様子。
3 状況や言動などが、目まぐるしく変化する様子。
4 笑い声や虫の鳴き声、鈴の音など、響きの良い声や音。

【例文】
身の危険を感じたら、体を丸めてころころ転がりなさい。

KORO《ころ》 KORO《ころ》

がらがら

1　物がぶつかったり、崩れ落ちたりするときの、重みがあって大きく響く音。
2　かたい車輪が回ったり、引き戸を開閉するときの音。
3　声がしわがれていたり、大きな声でがさつにしゃべったりする様子。
4　うがいで喉の奥を洗うときの音やその様子。
5　人や物がまばらで非常に空いている様子。

【例文】
帰ってきたら、ちゃんとがらがらうがいするんですよ。

GARA《がら》 GARA《がら》

ちょきちょき

はさみを続けて動かしたり、はさみでものを切ったりするときの音やその様子。

【例文】
きみたち、そのにらをちょきちょき切っておいてくれると助かるよ。

CHOKI《ちょき》 CHOKI《ちょき》

ぺんぺん

平べったいもので連続してたたく音や様子。

【例文】
ああ！
本当ならおしりぺんぺんするところですよ！

PEN《ぺん》 PEN《ぺん》

いちいち

ひとつひとつ事細かいこと。


【例文】

落書き落としのついでに、廊下の拭きそうじもするよう、やかましく言われました。

「母さんっていちいちうるさいよね」

ICHI《いち》 ICHI《いち》

とげとげ

1 鋭くとがった針状のものがたくさんあり、触ると痛そうな様子。

2 態度や言動がきつく、親しみにくい様子。

【例文】
あの人、見た目もだけど、言い方もとげとげしてるわよね。

TOGE《とげ》 TOGE《とげ》

ちょんちょん

1　仮名につける濁点やその様子。

2　物に続けて軽く触る様子や、跳ねるように何度も小さく動く様子。

3　歌舞伎の幕引きなどで、拍子木を連続して打つ音や様子。

【例文】

初めてだから、最初は足をちょんちょんつけてみなさい。

CHON《ちょん》 CHON《ちょん》

こんこん

1　かたいものを連続で軽く打ち当てたときに出る音。
2　咳が続けて出るときの音。
3　雪が次から次へと降る様子。
4　狐の鳴き声。

【例文】

「こんこん！　まだですかー！」

「まだでーす」

KON《こん》 KON《こん》

そろそろ

1　ある状態や時期、時間などが、間近に迫る様子。
2　ゆっくりと慎重に行動する様子。

【例文】
そろそろ捨てどきかしら。

SORO《そろ》 SORO《そろ》

ひらひら

1 軽くて薄いものが揺れ動いたり、蝶が飛んだりする様子。

2 洋服などが、薄い素材で波打ったデザインのもの。

【例文】

見て、花びらがひらひら落ちてくるよ。

HIRA《ひら》 HIRA《ひら》

げらげら
ぴゅー
ぴゅー
へら
へら
ぶらぶら
そわそわ
きゃっ
きゃっ
ころころ
おやおや
わんわん
なでなで
びよん
びよん
ゆら
ゆら
えんえん
きどあいらく
公園

うるうる
ふっ
ふっ
しくしく
よしよし
ぎゃん
ぎゃん
とん
とん
ぷんぷん
にや
にや
ぎーぎー
もやもや
くすくす
にこにこ
さら
さら
しゃっしゃっ

おへやで
あそぼう
ずぼずぼ
かきかき
すら
すら
くしゃ
くしゃ
べりべり
ちょき
ちょき
ぺた
ぺた
むしゃむしゃ
じゃー
じゃー
ぽや
ぽや
びちゃびちゃ

ちゃんとかたづけること。
うずうず
ざーざー
ふきふき
ごそごそ
ころころ
ぽーぽー
しゅっしゅっ
30
50
100
ぐーぐー
やれやれ
すいすい
ぴこぴこ
がちゃがちゃ

ちがう
つんつん

つん
つん

おなし
5つの

家訓
一、いつもけらけらみんな仲良くする
一、さぼてんに負けないちくちくとした針の強さをもつ
一、ぽきぽき折れない丈夫な心をつくる
一、けんかをしてもずるずる引きずらない
一、服はせかせかせずに慎重に着る
一、ばらばらせずに一致団結する

《けらけら》
かん高い声で笑う様子。
《ちくちく》
①細く先のとがったもので軽く刺す様子。
②針を刺すような痛みを体や心で感じる様子。
③批判や皮肉などをしつこく言って攻撃すること。
《ぽきぽき》
かたく細長いものが、次々に折れる音や様子。

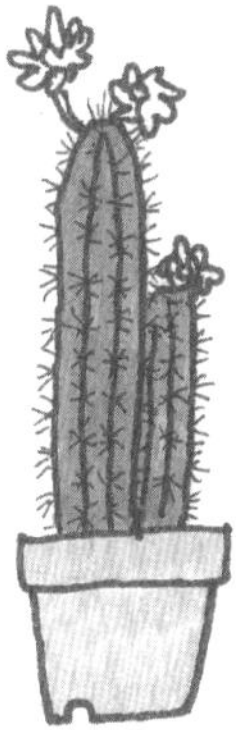

《ずるずる》
①汁や麺、鼻水などをすする音や様子。
②物を引きずったり、滑ったりするときの音やその様子。
③態度や行動にしまりがなかったり、好ましくない状態を長く続けたりする様子。
《せかせか》
心にゆとりがなく、行動がせわしない様子。
《ばらばら》
①少し大きめの粒状のものが落ちる音や様子。
②ひとつにまとまらず、散らばる様子。
③物事の統一を欠く様子。

ふたごことばが持つもの

わざわざ辞書を引かなくたって、日本に長く住んでいればなんとなくわかるふたごことば。

「わんわんかわいいね」「ぶーぶー通ったね」「ふーふーして食べてね」「ちーんちーんって鼻を噛んでごらん」など、物心つく前から耳にしてきただろう。子ども向けの絵本にもよく登場し、意味を理解する前から口ずさんでいたりする。同じ語を繰り返すリズミカルな音の響きが、子どもたちを魅了するのだ。

歴史も古く、日本最古の歴史書といわれる『古事記』や同じく日本最古の和歌集である『万葉集』にもすでに使われていたそうだ。

そんななじみ深いふたごことばだが、大人になってから多用すると、幼稚で言葉を知らないやつだなんて思われてしまうこともある。さらに国語辞典の類にまったく相手にされなかったという切ない過去も持ち合わせている。

今作で登場したふたごことばには、大きくわけて三タイプがある。「とんとん」「げらげら」「ざーざー」など、耳から聞こえる音や声を言語化した擬音語。「きらきら」「わくわく」「ぼろぼろ」など、音がしないものをそれらしい音で表現した擬態語。「やれやれ」「あらあら」「おやおや」など感情を表す感嘆詞である。

これらには、曖昧なのになんとなく共感できる無自覚の仲間意識みたいなものがある。病院でお腹が痛いと訴える患者に医者は「きりきり?」「しくしく?」「むかむか?」「ごろごろ?」と大真面目に質問し、患者もその違いをなんとなく理解し、大真面目に答えるのである。頭で考えるというよりも、感覚的に知っている言葉なのだ。

感覚的なものなので、もちろん人によって表現する言葉が違っていてもいい。自分の感性で新しく作ったっていい。それがみんなから共感され、浸透すれば令和を代表するふたごことばになる可能性だってある。言葉として扱われようが、扱われまいが、そんなこともどちらでもよい。どこまでも広く、どこまでも深く、そしてなにより愛嬌がある。

この本の住人たちがどこか愉快で親しみがあるのは、ふたごことばが持つ寛容さに包まれているからなのかもしれない。

文・谷口香織

この本に登場した言葉たち

【さ行】

【た行】

おわりに

最初に「オノマトペの本を作りましょう」とお話をいただいたときは、まだピンと来ていませんでした。言葉の一覧表をパラパラめくり、気が遠くなるような莫大な量だったため、一旦引き出しにしまって、見なかったことにしようとした時期がありました。良く言うと、「一旦寝かせた」のかもしれません。昨年は家にいる時間がとても長かったにもかかわらず、重い腰が上がらず猫とゴロゴロしていたのですが、ゴロゴロしすぎて実際の体重も重くなり、これはいかんなと、やっと腰を上げた次第です。いざ向き合い始めると、自分で描いておきながら異常に共感したり、登場人物のちょっとした成長の様子に感情移入してジーンときたり。締め切りが近づき追い詰められたときには「こんなにのめり込むなら早くやっときゃよかった」と反省したのでした。

改めて今回、抜群の感覚を持ったお二人、編集の谷口さん、えほんやるすばんばんするかいしゃの純子ちゃんと、あーでもないこーでもないと推敲しながら作った時間が本当に楽しかったです。ありがとうございました。

二〇二一年一月　出口かずみ

◎参考文献◎

『擬音語・擬態語辞典』（講談社）

『ぎおんごぎたいごじしょ』（ピエブックス）

『日本語擬態語辞典』（講談社）

『擬音語・擬態語の読本』（小学館）

『オノマトペ擬音・擬態語をたのしむ』（岩波書店）

『言葉図鑑②ようすのことば』（偕成社）

出口かずみ

1980年、佐賀県生まれ。猫2匹と暮らしながら絵を描いている。主な著書に『どうぶつせけんばなし』『画集 小八』（えほんやるすばんばんするかいしゃ）、『おべんとういっしゅうかん』（学研プラス）、『ポテトむらのコロッケまつり』（文：竹下文子、教育画劇）、『たくはいびーん』（文：林木林、小峰書店）など。好きな名前のないことばは「ごろごろ」。

荒木純子

1984年、北海道生まれ。東京・高円寺にある「えほんやるすばんばんするかいしゃ」で絵本の販売、出版、製本などを行っている。『どうぶつせけんばなし』『ロシアの装丁と装画の世界』（えほんやるすばんばんするかいしゃ）などのデザインを手掛ける。好きな名前のないことばは「もくもく」。

谷口香織

1979年、埼玉県生まれ。約10年雷鳥社に勤め、フリーの編集者となる。『菜の辞典』、『猫ヲ読ム』、『BIRTHDAY BOOK』（ともに雷鳥社）などの編集を手掛ける。好きな名前のないことばは「やれやれ」。

名前のないことば辞典

2021年2月22日　初版第1刷発行
2021年6月6日　第2刷発行

著　出口かずみ
デザイン　荒木純子
編集　谷口香織
協力　高須小晴（5歳）＊p154-157

発行者　中村徹
発行所　株式会社 遊泳舎
TEL/FAX　0422-77-3364
URL　http://yueisha.net
E-mail　info@yueisha.net
印刷・製本　シナノ印刷株式会社

　ISBN 978-4-909842-06-0 C0095